INSTITUT GÉNÉRAL PSYCHOLOGIQUE

Extrait du *Bulletin* n° 1. — 11ᵉ année. — 1911.

Section de Psychologie zoologique

COMMENT PENSENT LES BÊTES

PAR

M. le Professeur YVES DELAGE
de l'Académie des Sciences.

A PARIS

AU SIÈGE DE LA SOCIÉTÉ

14, RUE DE CONDÉ (VIᵉ)

1911

COMMENT PENSENT LES BÊTES

INSTITUT GÉNÉRAL PSYCHOLOGIQUE

Extrait du *Bulletin* nº 1. — 11ᵉ année. — 1911.

Section de Psychologie zoologique

COMMENT PENSENT LES BÊTES

PAR

M. le Professeur Yves DELAGE

, de l'Académie des Sciences.

A PARIS

AU SIÈGE DE LA SOCIÉTÉ

14, Rue de Condé (VIᵉ)

—

1911

COMMENT PENSENT LES BÊTES

Il a été beaucoup écrit sur l'intelligence des animaux. Mais ces écrits ont presque tous une allure tendancieuse. Leurs auteurs semblent s'être chargés du devoir de rendre justice à des êtres méconnus ; ils ont l'air de soutenir une thèse faite pour démontrer que l'intelligence animale est beaucoup plus subtile qu'on ne soupçonne et que certains animaux (c'est le plus souvent du chien qu'il s'agit) sont capables d'actes compliqués dirigés par un raisonnement.

Bien différente était l'opinion de Descartes, qui voyait dans les animaux des automates : on dirait aujourd'hui des êtres dont les actes sont des réflexes. Cette opinion maintenant est délaissée. La mode est de prôner l'intelligence des animaux, de leur découvrir des capacités tous les jours plus étendues.

J'ai longtemps réfléchi sur cette question et j'en suis venu à croire que l'on fait fausse route et que Descartes, malgré l'exagération manifeste de sa formule, était plus près de la vérité que ne sont nos contemporains.

Le procédé des avocats de l'intelligence animale est le suivant : recueillir des histoires d'actes merveilleux accomplis par des animaux, et les interpréter, en toute sincérité d'ailleurs, comme s'ils avaient eu pour auteur un être humain, en leur attribuant les mêmes mobiles, en les rattachant aux mêmes opérations intellectuelles qui seraient intervenues chez un homme.

A ce compte, on pourrait dire que les Araignées connaissent la mécanique et la géométrie.

Certaines de ces histoires sont plus ou moins, sujettes à caution. Je veux croire cependant que toutes sont vraies, en gros. Mais cela ne suffit pas. Les auteurs qui les citent peuvent être animés du désir de respecter la vérité, mais il faut en outre une précaution extrême et une certaine discipline intellectuelle, peu commode à acquérir, pour décrire les choses exactement comme elles sont, avec leur décousu, leurs incertitudes, les mille réserves qu'elles comportent. Il est tellement plus facile et plus agréable d'établir entre les faits successifs des relations de causalité qui les rendent plus clairs, que l'on cède inconsciemment à cette tendance, qui n'a rien de commun avec le désir d'inventer ou d'enjoliver.

Par exemple, voici un chien qui enterre un os, puis, à quelques jours de là, le déterre et le mange. On dira le plus souvent : le chien, n'ayant pas faim enterra l'os *pour* le retrouver un jour où il aurait faim, et de fait, un jour, ayant faim, il se souvint de son os, le déterra et le mangea.

La narration ainsi faite dépasse de beaucoup le simple exposé des faits. Nous ne savons pas si le chien n'a pas entièrement oublié l'os enterré et s'il ne l'a pas redécouvert en flairant au hasard, un jour qu'il avait faim. Nous ne savons même pas si, en enterrant l'os, il pensait qu'il pourrait le retrouver plus tard et le manger. Quant, avant de se coucher, il tourne en rond deux ou trois fois sur lui-même, croyez-vous qu'il ait la moindre lueur de l'utilité de cette manœuvre que faisaient ses ancêtres, dans les prairies, pour abattre l'herbe autour d'eux ? Dans une foule d'actes, ils obéissent à cette sorte d'impulsion interne, irraisonnée, souvent même inconsciente, que nous appelons instinct, et il n'est pas évident *a priori* qu'en enterrant l'os ils ont eu pour mobiles le discernement et la prévoyance. S'il en est ainsi, ce qui est possible, c'est la discussion qui le montrera, et il ne faut pas mêler à la narration des faits des conclusions implicites qui doivent résulter de la discussion.

Faire dépendre les actes de l'animal d'opérations intellectuelles semblables à celles de l'homme n'est pas seulement une exagération, c'est une erreur radicale, car la pensée de l'animal ne diffère pas de celle de l'homme seulement d'une façon quantitative, comme celle d'un illettré par rapport à celle d'un philosophe ; elle en diffère qualitativement, elle est d'une autre nature, et c'est là un point essentiel qui mérite d'être précisé.

Cette différence capitale réside en ceci : l'homme parle, l'animal ne parle pas. Or la parole est un instrument de pensée prodigieux. Le *mot* ne donne pas seulement à la pensée un accroissement colossal, il change ses modes, il lui ouvre des territoires nouveaux si immenses que ceux où elle pouvait se mouvoir avant le mot, n'étaient, en comparaison, presque rien. Seul le mot a rendu possibles ces deux processus intellectuels, la généralisation et l'abstraction, qui sont les ailes de l'intelligence. Sans eux, la pensée se traîne dans la conception des faits individuels et dans leur comparaison immédiate.

Trouvera-t-on que j'exagère ? Moi, je regrette mon impuissance à trouver des adjectifs assez forts, des images assez saisissantes pour exprimer cette chose immense, l'influence du langage articulé sur la pensée.

Prenons ce mot : *justice*. La très vague notion de justice qui a nécessairement précédé, chez les barbares préhistoriques, la création de ce mot, fut restée indéfiniment, à bien peu de choses près, ce qu'elle était au début, une comparaison fruste entre les faits isolés, une émotion mal définie. La création du mot a permis au concept de se développer et de devenir ce sentiment noble, clair et puissant, qui se mêle à un si grand nombre des actions humaines.

Sans parler de tels grands vocables abstraits, les moindres adjectifs sont pour la pensée un levier puissant : *blond* et *brun*, *rude* et *poli*... Croit-on que nous remarquerions aussi bien la différence entre ces états si nous n'avions un mot pour les caractériser, les définir, les préciser ? Croit-on qu'il soit possible à un chien de se rendre compte de la différence entre la brique rude et le verre poli aussi bien que s'il savait la nommer. La simple idée exprimée par le mot *demain* est impossible à concevoir pour un cerveau alimenté exclusivement par des images sensorielles ? Et les verbes ! Le chien qui a enterré l'os saura-t-il aussi bien le retrouver, je ne dis pas dans le jardin, mais dans sa mémoire, que s'il avait pu penser les mots : *enterrer*, *retrouver*, *déterrer* ?

Le mot a tellement imprégné la pensée, qu'il a changé la nature de celle-ci. Désormais l'homme ne pense plus exclusivement par images sensorielles, visuelles, auditives, gusta-

tives, etc., il pense essentiellement par images verbales. Peu importe d'ailleurs la forme de cette image, qu'elle soit visuelle ou auditive ou musculaire, que le mot surgisse dans la conscience comme vu ou entendu ou, ce qui, je crois, est le cas principal, représenté par la série des contractions laryngiennes et linguales, nécessaires pour le prononcer. Ce qui est essentiel, c'est que l'image qui surgit dans la conscience n'est pas celle de la chose, mais celle du mot qui la représente ; et c'est grâce à cela que toutes, les concrètes et les abstraites, les simples et les complexes, se présentent, se succèdent, se combinent interfèrent, avec cette aisance, cette fluidité qui constitue la pensée de l'homme.

Rien de pareil n'existe chez l'animal. Privé du langage et des images verbales, il en est réduit à penser par images sensorielles. Or ces images permettent la conception de choses concrètes, leur comparaison plus ou moins grossière, mais elles ne permettent ni la généralisation, ni l'abstraction qui sont la condition nécessaire du raisonnement.

Le chien ne raisonne pas. Non parce qu'il manque d'intelligence, mais parce qu'il est privé de cette condition indispensable du raisonnement, l'image verbale permettant les concepts généraux et abstraits.

Pour vous rendre compte de ce que peut être la pensée d'un chien, essayez de penser sans mots ; si vous êtes assez habile pour le faire sans inconsciente tricherie, vous resterez stupéfait de votre incapacité à accomplir les actes intellectuels les plus rudimentaires. Je vous mets au défi de penser sans mots, prononcés intérieurement, sans contractions du larynx, de la langue ou des lèvres, des choses aussi simples que ceci : *Après cette pluie, il fera beau peut-être.*

A vrai dire, le chien ne *pense* pas, au sens où l'on entend ce mot chez l'homme.

Je me représente le cerveau d'un chien comme un tableau à projections sur lequel passent des images visuelles qui se succèdent, s'enchevêtrent, vont et viennent de mille façons, se présentant d'elles-mêmes, suscitées par des impressions actuelles ou des associations de souvenirs, sans que le chien fasse rien pour les évoquer. L'évocation volontaire d'une idée est hors de la portée d'un chien et lorsque, dressant les oreilles, fixant les yeux, ouvrant les narines il a tous ses nerfs tendus, il ne fait rien autre que de se mettre en état d'atten-

tion pour arrêter les images qui pourraient se présenter d'elles-mêmes, les comparer à des souvenirs d'images plus ou moins
semblables qui ont déterminé des actes, dont les conséquences lui reviennent aussitôt en mémoire, et reproduire cet acte
ou s'en abstenir selon que ces conséquences ont été agréa-
bles ou fâcheuses pour lui.

A ces images visuelles se mêlent des images (si tant est
que ce mot puisse être employé ici) auditives, tactiles et surtout olfactives. Ces dernières doivent jouer un rôle dont nous
avons peine à comprendre l'importance. Le souvenir d'un objet doit se composer, pour le chien, d'éléments variés dont
le plus important est olfactif, le second visuel, le troisième
auditif. Et ce sont toutes ces images qui passent dans son cerveau, je n'ose plus dire comme sur un tableau à projection,
en raison des éléments auditifs et olfactifs, mais un peu comme
dans le cerveau d'un dormeur, qui les subit sans les diriger
et agit suivant les impulsions qu'il en reçoit sans intervention de la volonté.

Mais, dira-t-on, cette psychologie si rudimentaire est-elle
compatible avec les actes remarquables que l'on voit faire
aux animaux ?

Il faut dans ces actes distinguer trois catégories : ceux qui
dépendent de l'instinct, ceux qui sont le fruit de l'éducation
et ceux qui proviennent de l'initiative personnelle.

Ce n'est pas en quelques pages que l'on peut avoir la pré-
tention de traiter la grosse question de l'instinct.

Je ne dirai donc ici que quelques mots pour montrer de
quelle façon il convient de l'envisager et à quel point il diffère
de l'intelligence.

Laissons aussi de côté la question obscure de son origine
et prenons-le comme un fait, se réduisant à ceci que les animaux font, sans les comprendre, une multitude d'actes mer-
veilleusement adaptés.

L'instinct se compose, selon moi, de réflexes et de goûts :
j'entends par ces derniers des préférences et des antipathies
qui ont leur raison d'être dans la constitution des organismes.

Ce qu'on appelle l'instinct de téter n'est pour l'enfant nais-
sant qu'un réflexe sans aucune intervention de jugement ou
de discernement. Il n'en est peut-être plus de même pour
l'enfant au moment du sevrage, quand celui-ci est tardif. J'ai
vu des chiens continuer à téter leur mère à la suite d'une

seconde ou d'une troisième portée de celle-ci, alors qu'ils
savaient déjà croquer des os et se comportaient en tout comme
des adultes. Il n'est pas douteux que dans ce cas il ne s'agit
plus d'un réflexe mais d'un acte dirigé par des images menta-
les comme tous les autres du même animal. Le chien se diri-
geait d'un pas délibéré vers sa mère couchée dans sa niche
et allait la téter.

Réflexe est le fait pour le chien de prendre l'attitude con-
venable et de faire les actes musculaires appropriés pour se
gratter, le fait de dresser les oreilles quand il entend un bruit,
de mettre la queue entre ses jambes quand il a peur. Les
réflexes sont à la base de beaucoup d'actes dits instinctifs ;
ils sont pour une part dans un grand nombre d'entre eux,
mais n'en constituent que bien peu à eux seuls.

Plus importants, dans ce sens, tout ce que j'ai appelé les
goûts.

Le chien aime le sucre ; le chat le dédaigne. Si l'on pré-
sente à un enfant deux morceaux de papier, l'un rouge, lisse,
verni, l'autre gris, rude, terne, il prendra le premier, bien
qu'il n'en puisse rien faire de plus que du second. Les préférences de cet ordre doivent jouer un rôle capital dans les actes
attribués à l'instinct. Un oiseau faisant son nid rencontre un
brin de paille, il le prend ; s'il rencontre un morceau de fil
de fer, il ne le prend pas. Pourquoi ? S'est-il rendu compte
que le fil de fer meurtrirait lui ou ses petits? Je n'en crois
rien ; mais il est ainsi fait que le brin de paille lui plaît, une
impulsion intérieure, irraisonnée le pousse à le prendre et
l'emporter. Pour le fil de fer, c'est le contraire.

Avant d'avoir cherché à le saisir et de s'être rendu compte
de sa rigidité, et bien qu'il n'ait jamais vu antérieurement le
fil de fer qui ait pu lui faire acquérir l'expérience de cette
rigidité, il le laisse de côté : pour s'exprimer familièrement,
ça ne lui dit rien. Si, par hasard, l'un d'eux prend le fil de fer
et l'emporte dans son nid, il en pourra constater les inconvé-
nients, acquérir sur ce point une expérience personnelle et se
guider désormais d'après elle. Mais, dès avant toute expérience,
il était construit de façon à n'avoir aucun goût pour le fil de
fer. Une araignée fait sa toile. Elle a déjà posé quelques fils,
vient d'en étirer un, elle va fixer l'extrémité. Où ? Au même
point que le précédent, à droite ou à gauche, au-dessus ou au-
dessous ? Qu'y a-t-il dans son cerveau : un besoin de coller

son fil, sorte de réflexe, parce que c'est l'acte qui doit toujours se faire quand un fil a été étiré, puis, l'impression visuelle et surtout tactile des fils déjà posés. Entre les alternatives qui se présentent, une s'accompagne d'une impulsion vers l'acte, tandis que les autres font naître une antipathie pour l'acte correspondant : il lui répugne de coller son fil sur le précédent, ou du même côté que ceux antérieurement posés ; elle le collera du côté opposé, à peu près à la même distance, parce que cela correspond à une position, à un écartement de pattes, à des sensations de contact, d'équilibre, qui lui causent une sensation préférable. Comprend-elle ce qu'elle fait, a-t-elle une notion même obscure des conditions mécaniques ou géométriques ? Nullement, pas plus que le terrassier ne se rend compte qu'il ferme sa glotte, pour caler ses côtes contre ses poumons et fournir un meilleur appui aux muscles, lorsqu'il lance sa pelletée.

La reconnaissance par la vue et le toucher des points fixes voisins, les sensations de vide sous ses pattes, de tension insuffisante dans un sens ou dans l'autre sont les éléments actuels de cette préférence pour tel ou tel point de fixation du fil, préférence dont les éléments ancestraux ont pris place dans l'organisme sous la forme de détails extraordinairement délicats dans la structure et la constitution physico-chimique des centres nerveux.

Tout autres sont les facteurs qui interviennent dans les actes dus à l'éducation. On sait les résultats extraordinaires auxquels on peut arriver par un dressage patient. L'animal n'a pas à comprendre et ne comprend, en général, pas la signification des actes qu'il accomplit, mais il sait, parce qu'à force de répétitions on l'a fait entrer dans sa mémoire, qu'à tel acte fait par lui, ou à tel signe de son maître, doit succéder tel autre acte, et il fait cet acte, par crainte du châtiment ou désir de la récompense, auxquels se joint plus tard l'habitude.

La plus grande preuve d'intelligence que donnent les animaux soumis au dressage n'est pas la succession d'actes plus ou moins difficiles qu'on leur fait faire dans un ordre déterminé, c'est l'attention qu'ils accordent aux signes qui déterminent ces actes. La plus grande difficulté dans le dressage est de fixer l'attention de l'animal sur des choses qui n'ont aucun intérêt pour lui, jusqu'à ce qu'on ait pu lui faire saisir la relation qui existe entre ces trois phénomènes successifs :

le signe, l'acte, la sanction (punition ou récompense).

On le voit, les seuls facteurs psychologiques intervenant ici sont l'attention et la mémoire, dont personne ne doute que les animaux sont doués. Il n'y a ni raisonnement, ni compréhension du sens que le dresseur attribue aux actes dont il obtient l'accomplissement.

Nous arrivons enfin aux actes d'initiative, où l'animal tire tout de lui-même, et c'est là que se pose de la manière la plus délicate la question de la nature des processus psychologiques qui entrent en jeu.

C'est là que surgissent des difficultés très grandes : une narration purement objective de l'acte en discussion, une interprétation non anthropomorphique, une application stricte de ce que nous savons de la mentalité animale, qui pense par images sensorielles et non par images verbales.

Prenons des exemples.

Un chien est vendu : son nouveau propriétaire l'emmène, à une grande distance ; quelques jours après il est de retour chez son premier maître. C'est là un acte remarquable. Mais démontre-t-il des phénomènes intellectuels inattendus ou d'ordre supérieur. Point du tout. J'y vois la fidélité, le désir de retrouver son premier maître, qui sont des processus affectifs d'ordre inférieur et une aptitude à retrouver sa route, qui paraît d ordre sensoriel plutôt qu'intellectuel, car son développement dans la série animale n'est nullement proportionnelle à l'intelligence, étant plus développée chez les oiseaux migrateurs et les pigeons voyageurs que chez les mammifères.

Un chien peut apprendre à ouvrir une porte, en appuyant sur la tige qui actionne le loquet, lorsque celle-ci est horizontale et qu'il n'y a qu'à l'abaisser pour ouvrir. Mais jamais aucun chien n'a su comprendre à l'inspection le mécanisme le plus élémentaire. S'il ouvre la porte c'est qu'en cherchant à la pousser, dressé sur ses pattes de derrière, par hasard, il a rencontré la tige du loquet, et après un grand nombre de tentatives de ce genre finit par établir une relation, non de cause à effet, mais de succession entre ces deux phénomènes.

J'ai souvent présenté à mon chien un morceau de sucre sur une table sous un verre à boire cylindrique. Il voit le sucre, veut le prendre et pour cela pousse le verre avec sa patte ; mais le verre poussé près de sa surface de contact avec la table glisse entraînant le morceau de sucre. Quand, par un faux mouvement, il pousse le verre plus haut, celui-ci bascule au lieu de glisser et le chien peut prendre le sucre. Je recommence immédiatement ; mais cette expérience n'a servi de rien ; le chien continue à faire glisser le verre, parce qu'avec sa patte il cherche non à écarter le verre, mais à toucher le sucre. Alors je fais la chose à sa place : je pousse le verre par le bas, il glisse et entraîne le sucre qui reste couvert ; je le pousse par le haut, il bascule et dégage le morceau de sucre. Je fais ces deux manœuvres trois fois de suite alternativement. Peine perdue, le chien n'y comprend rien et recommence toujours le même geste bête. La seule chose qu'il comprenne, c'est que je suis plus habile que lui et il m'implore en me regardant et en gémissant.

Les chiens aiment à se chauffer. Aucun n'a jamais su (sans dressage) mettre un morceau de bois sur le feu qui languit. Ce n'est pas la chaleur qui l'en empêche, car il brave une chaleur plus vive pour prendre un morceau de sucre près du foyer. J'avais une petite chienne caniche, fort intelligente, qui tout l'hiver se chauffait auprès de moi quand j'étais dans mon cabinet de travail. J'ai souvent cherché à attirer son attention sur mon mouvement quand je prenais un morceau de planchette au tas auprès d'elle pour le mettre au feu. J'agissais avec un morceau de planchette plutôt qu'avec une bûche pour qu'elle vît plus tôt les effets de cet acte, la flamme naître, briller et chauffer. Peine perdue : elle n'a jamais rien compris. Ce sont pourtant là des choses fort élémentaires et intéressantes pour le chien.

Par contre tous les chiens savent gratter à la porte pour se faire ouvrir. Il y a là une acquisition personnelle et un léger rudiment d'abstraction, car le geste de la patte a été fait d'abord pour pousser la porte et l'ouvrir. Mais jamais la porte ne s'ouvre seule. C'est le maître qui, après quelques instants, vient l'ouvrir. Le chien l'a compris et le geste de la patte a cessé pour lui d'être un effort pour ouvrir, il est devenu un signe à l'adresse du maître.

La même petite chienne caniche, dont je viens de parler, m'en a donné la preuve. Si je tarde à lui ouvrir, elle pense que je ne suis peut-être pas dans mon cabinet ; alors elle flaire fortement sous la porte, s'assure par l'odorat que je suis là et insiste jusqu'à ce que, de guerre lasse, j'aille lui ouvrir.

Quand je ne suis pas là, elle n'insiste jamais : les personnes de mon entourage me l'ont assuré.

Transformer par son initiative personnelle un geste d'action immédiate en un signe d'avertissement en vue d'une action médiate comporte bien un certain degré d'abstraction. Mais c'est un degré très inférieur, qui peut être obtenu par ce que j'appellerai une *intuition d'emblée*, sans l'intermédiaire du raisonnement.

Et je crois qu'il en est de même pour tous les actes des animaux.

Je sens bien que la théorie émise dans ce court travail demanderait à être documentée, appuyée sur de nombreux exemples personnels et sur une discussion approfondie de ceux fournis par les observateurs. Mais ce serait là l'objet d'un travail étendu que je réserve pour plus tard.

Ce que j'ai voulu montrer ici c'est de quelle façon il fallait envisager la mentalité de l'animal pour juger ses actes, en évitant de lui attribuer des processus psychologiques permis à l'homme, qui dispose des images verbales, mais interdits à tout être qui n'a pas le langage articulé.

MAYENNE, IMPRIMERIE CHARLES COLIN

MAYENNE, IMPRIMERIE CHARLES COLIN

www.ingramcontent.com/pod-product-compliance
Lightning Source LLC
Chambersburg PA
CBHW072025290326
41934CB00011BA/2877